L^{27}n 19731.

ÉLOGE
DE TOURNY,

PAR J. E. L'HOSPITAL.

Ingenui pudoris est fateri per quos profecerimus, et, hæc quasi merces autoris. PLINE.

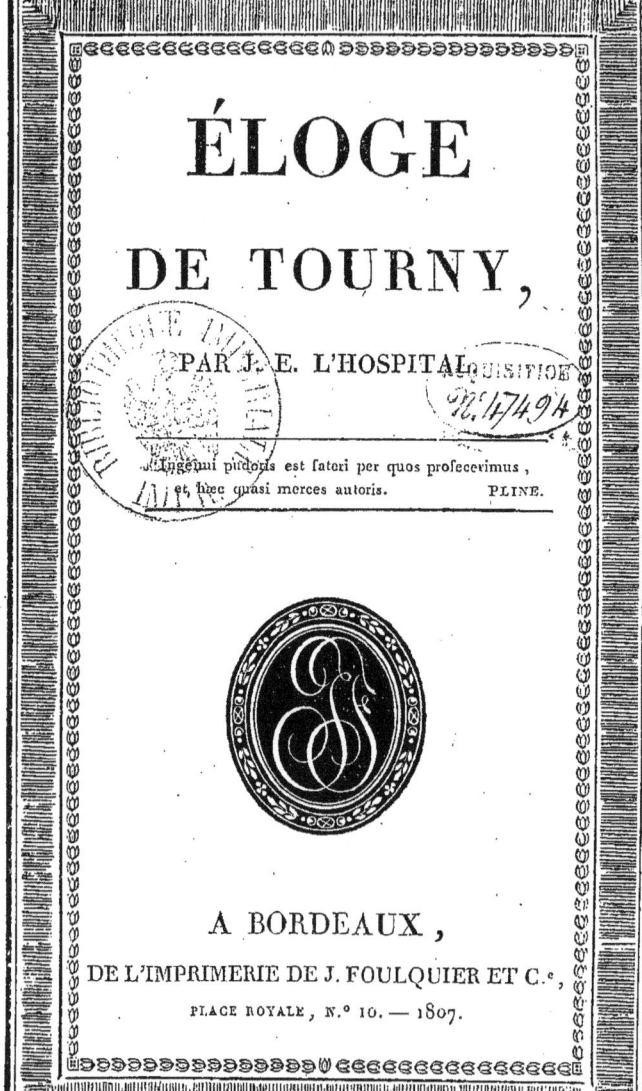

A BORDEAUX,

DE L'IMPRIMERIE DE J. FOULQUIER ET C.ᵉ,

PLACE ROYALE, N.° 10. — 1807.

ÉLOGE
DE TOURNY.

Qu'il est doux pour les âmes honnêtes et sensibles de voir la postérité, toujours équitable, venger les hommes d'un mérite éminent et d'un grand caractère, des erreurs et des injustices de leurs contemporains !

Encore une preuve de cette vérité consolante ; encore un exemple de cette éternelle justice des siècles, dans la destinée de Tourny !... Administrateur habile, intègre, et d'une grande ville, et d'une grande province, son génie et ses bienfaits, méconnus de son vivant, y furent payés ou d'indifférence, ou d'ingratitude !.... Il y fut poursuivi, calomnié même par l'envie, ennemie implacable et des grandes vertus, et des grands talents !.....

Mort, depuis un demi-siècle, il y reçoit enfin les hommages tardifs, mais également honorables, de la reconnaissance et de la vénération publiques. Son nom n'y est plus prononcé, sa mémoire n'y est plus rappelée, qu'avec l'accent de la plus sincère et de la plus juste admiration.... Que dis-je !... Il vient d'obtenir un hommage bien flatteur encore, et le seul qui semblait manquer à sa gloire..... Un de ses plus dignes successeurs vient de lui payer aussi un juste tribut d'éloges, et de répandre des fleurs sur sa tombe ! Il vient d'y faire entendre une voix éloquente, la voix énergique et touchante du sentiment et de l'âme, au sein de l'Académie des Arts et des Sciences de Bordeaux (1), en invitant cette Société respectable à proposer publiquement, en son nom, l'éloge de ce grand, de ce bienfaisant administrateur !...

Qu'un tel hommage est glorieux pour la mémoire de Tourny !... Quel citoyen de Bordeaux pourrait s'y montrer insensible, ne pas s'empresser de répondre à un appel si honorable, et de seconder, de son mieux, de si louables, de si généreuses intentions !...

C'est à ce seul titre que j'ose élever ici une faible voix, et suivre l'impulsion irrésistible d'un zèle qu'on accusera sans doute d'imprudence, mais dont on ne pourra du moins soupçonner, sans injustice, ni la pureté, ni le désintéressement !... Etranger à la carrière de l'éloquence, je n'ai pas la vaine prétention d'en parler le langage, ni d'en disputer les palmes à des orateurs exercés et seuls dignes de les cueillir !... Je n'ose faire entendre ici que le langage sincère et vrai du patriotisme et de la reconnaissance !... Des sentimens si naturels et si légitimes me feront obtenir quelque indulgence, peut-être, malgré ma conscience intime de la faiblesse et de l'insuffisance de mes moyens !... C'est là tout mon espoir !... Ce sera ma plus douce récompense !...

Tourny fut élevé, sous le règne de Louis XV et le ministère du comte d'Argenson, l'un des hommes d'état les plus dignes de l'estime et de la confiance de ce monarque, à la place éminente d'intendant de justice, police, commerce et finances, dans la province de Guyenne et la généralité de Bordeaux.

Il ne fallait pas moins de lumières et d'habileté que d'intégrité et de patriotisme, pour remplir dignement des fonctions si variées, si délicates, si importantes à la chose publique, aux intérêts du peuple, comme au service du souverain !

Ces fonctions étaient moins difficiles et moins pénibles, dans les provinces ou pays d'états, telles que la Bourgogne, la Bretagne, etc., où ce genre de service public était presque entièrement rempli par les états mêmes, sous la surveillance des intendans..... Dans les provinces, ou pays d'élections, au contraire, telles que la Guyenne, la Gascogne, etc., où ce même service était uniquement déféré par le gouvernement, aux intendans qui les administraient, ils y étaient, par cette raison même, investis d'une plus grande étendue de pouvoir, de celui surtout d'y faire infiniment plus de bien!

C'est l'usage de ce pouvoir si précieux au peuple, si cher aux grands, aux bienfaisans administrateurs, qui a rendu si recommandable la mémoire des Turgot et des d'Etigny, dans les provinces du Limousin et de la Gascogne, la mémoire de Tourny, dans la province de Guyenne et la généralité de Bordeaux!

A l'époque éloignée, et déjà rappelée, où Tourny fut chargé de cette importante administration, la ville de Bordeaux était loin d'offrir aux regards de ses propres habitans, comme à ceux de l'étranger, l'état de splendeur, où le génie de ce grand homme sut bientôt la faire parvenir!...

Son commerce, dès long-temps aussi étendu que florissant (2), présentait un étrange contraste, avec l'irrégularité choquante, pour ne pas dire gothique et barbare, de cette grande cité, de cette antique et populeuse capitale de la Guyenne !

Des places mesquines et peu nombreuses ; des rues étroites, sinueuses, malpropres, aussi mal éclairées que mal pavées ; de chétives, de misérables promenades, sans décoration, sans ombrage et sans abri même ; un port immense et superbe, grâce à ses beautés, à ses richeses, à sa magnificence naturelles, grâce à la vaste étendue, à la forme admirable du lit de son fleuve (3), grâce à l'épaisse forêt de vaisseaux de toutes nations, dont il était sans cesse couvert ; mais dépourvu de tous ornemens, de tous secours de l'art, de quais spacieux, indispensables aux mouvemens d'un si grand commerce ; mais offrant, dans une très-grande partie de son étendue méridionale et demi-circulaire, le hideux aspect de maisons gothiques, d'échoppes grossières, de huttes sauvages qui le deshonoraient ; la ville entière entourée de murailles démantelées, mais assez élevées encore pour y arrêter tout passage, toute introduction ou circulation de l'air extérieur, déjà corrompu, à la vérité, par les eaux stagnantes et bourbeuses des vastes fossés qui baignaient le pied de ces murailles, comme par le voisinage des marais infiniment plus étendus encore, qui la ceignaient de toutes parts !....

Ajoutons encore à cet effrayant, mais fidèle tableau, le dénûment absolu de fontaines, d'eau pure, dans une ville entourée de sources abondantes et précieuses, dont la négligence inexcusable des prédécesseurs de TOURNY n'avait jamais su tirer aucun avantage, ayant au contraire laissé corrompre les sources locales et pures de la cité, par l'infiltration des fosses d'aisance des maisons trop voisines, ou trop rapprochées, dont ils avaient eu l'imprudence, plus impardonnable encore, de permettre ou de tolérer la construction !...

Ajoutons enfin le dénûment, non moins absolu, de monumens publics, dignes de la grandeur d'une ville si florissante et si justement célèbre !... Elle ne pouvait guère offrir à la curiosité des voyageurs que des églises, des monastères, des colléges, des palais de justice, de police et d'administration, tous construits d'une architecture gothique, et du gothique le plus barbare, des ruines d'un amphithéâtre plus antique et plus imposant, mais élevé, sous l'un des derniers Césars, et dans la décadence de l'architecture Romaine (4) !.... Elle ne pouvait plus offrir, malheureusement, ces ruines bien plus belles, bien plus précieuses encore, d'un édifice admirable, d'un superbe temple de justice, élevé sous Auguste et dans le plus beau siècle des arts, édifice détruit, sans aucune nécessité, par les ordres arbitraires de Louis XIV, et d'après les instigations ou les instances intéressées, sans doute, du grand architecte Perrault!.... (5)

Telle était la ville de Bordeaux, tels étaient ses monumens publics, (à de faibles exceptions près), à l'époque où Tourny en fut nommé l'intendant, ou le principal administrateur!

Tâchons de le suivre, de marquer ses pas rapides dans cette vaste et pénible carrière!.. Des faits, si glorieux pour sa mémoire, deviendront son plus bel éloge, comme celui de sa brillante, de son immortelle administration!... Respectons les droits sacrés de la vérité, et montrons dans le panégyriste même de Tourny, son fidèle et sincère historien!.... « *Amicus Plato, sed magis amica* » *veritas!....* »

Avant de s'occuper des embellissemens de Bordeaux, il eut d'abord le bon esprit de sentir la nécessité, bien plus urgente encore, d'assainir l'air marécageux de cette ville, d'en rendre le séjour moins dangereux, et pour ses propres habitans, et pour les voyageurs qu'y attirait de toutes parts son immense commerce. Il sentit, avec autant de raison que de sagesse, qu'il devait s'occuper de l'utile, avant de s'occuper de l'agréable, ou qu'il devait du moins les faire marcher de concert.

Dans ces vues, si louables et si sages, il commença par faire combler les immenses fossés qui baignaient, d'une eau bourbeuse et stagnante, le pied des murailles de la ville, dans leur plus grande étendue. Ces murailles devenues si inutiles et si dangereuses même, il les fit couvrir aussi, comme leurs fossés antiques, et de maisons, et de jardins. Il les fit entourer de cours spacieux et complantés d'arbres, métamorphosant en promenades agréables et salubres, des marais fétides et destructeurs.

Ne pouvant alors faire dessécher encore les marais plus étendus et plus éloignés de l'enceinte de la ville; se voyant même, à regret, contrarié dans un projet si bienfaisant et si digne d'éloges, par la résistance opiniâtre et les refus sordidement intéressés des propriétaires, alors puissans, de ces marais si redoutables, il lui fut impossible de faire tout le bien qu'il méditait, sous un rapport si intéressant pour ses administrés !

Après l'assainissement ou l'épuration de l'air, l'objet le plus essentiel, le plus indispensable à la santé, à l'existence même des Bordelais, était de leur procurer de meilleures eaux !... Tourny en fit venir des sources voisines les plus abondantes et les plus pures, pour en abreuver la ville entière. Il y fit élever un grand nombre de fontaines isolées, et construites avec une élégante simplicité, les faibles revenus de la cité n'y permettant pas alors de somptueuses décorations.

Il réserva sagement le luxe et la pompe des arts, pour les monumens publics, qui en étaient plus susceptibles !..... Après avoir décoré la partie méridionale du port de Bordeaux, de maisons uniformes, d'un ordre simple, mais imposant et régulier; après avoir ainsi masqué, avec autant de goût que de noblesse, les maisons grossières, les échoppes dégoûtantes, qui en avaient si long-temps dégradé le superbe coup-d'œil; il en embellit encore le centre d'une place magnifique, digne de la majesté d'un fleuve tel que la Garonne !.... Il y fit construire deux vastes édifices, l'un pour l'hôtel de la Bourse, l'autre pour celui de la Douane, d'un ordre uniforme et régulier, élégant et noble, d'un style large et imposant, mais un peu français; l'architecture étant alors dégénérée, en France, de la noble et pure simplicité de l'architecture des Grecs et des Romains !..... Il embellit encore cette place d'une statue, en bronze, de Louis XV, statue universellement reconnue pour le chef-d'œuvre de Lemoyne et de la sculpture moderne, et détruite, malheureusement, comme tant d'autres chefs-d'œuvres des arts, en des jours désastreux, dont le souvenir même est aussi pénible qu'affligeant !.....

En même temps il appela à Bordeaux, à titre et avec brevet de pensionnaire à vie de cette ville, un digne émule de ce grand sculpteur Lemoyne, de ce moderne Praxitèle, Claude Francin (6), pour la composition et l'exécution des bas-reliefs du piédestal, en marbre, de cette magnifique statue, et pour des travaux, du même, ou de tout autre genre, destinés à d'autres monumens publics, ou déjà élevés par ses soins, ou dont il méditait et projetait encore l'édification.

Bordeaux n'était pas moins dépourvue de places publiques..... Outre la place Royale, déjà décrite, il y en éleva plusieurs, telles que celle du Marché Royal, décorée d'une belle fontaine, en marbre blanc, qui n'y existe plus, dès long-temps; celles encore de Bourgogne, des Capucins, d'Aquitaine, ornées d'arcs de triomphe, d'un style imposant et noble, mais toujours un peu français, comme l'étaient, à Paris même et dans le reste de la France, tous les monumens publics, du même genre, à cette époque de décadence sensible des beaux-arts.

N'oublions pas, dans cette énumération intéressante, la place Dauphine, la plus vaste et la mieux percée de toutes les places de la ville, la plus convenable, par cette raison même, à son grand marché, et pour l'élévation de laquelle il fallut enlever d'énormes sommités de terre, pour ne pas dire, moins improprement, peut-être, une montagne assez considérable, dont les restes existaient encore, vers le milieu du dernier siècle.

N'oublions pas encore la place de Tourny, au centre des beaux cours du même nom; nom cher et précieux à la reconnaissance publique, nom, que les bons citoyens ont eu la douleur d'y voir effacer, naguères, pour faire place à la dénomination insignifiante de place Saint-Germain !

Bordeaux manquait également de promenades, dignes d'elle !.... On n'y en voyait d'autres, que celles connues sous la juste dénomination de Fossés ; cours étroit, sinueux et misérable, qui traverse le centre de cette ville ; cours à peine ombragé par de vilains arbres, d'une trop grande vétusté, et qui présentent le coup-d'œil le plus triste et le plus choquant !....

On y trouvait, pourtant encore, la faible ressource d'un antique rempart, connu sous la dénomination de Plate-forme; boulevard utile, peut-être, à nos aïeux, dans leurs guerres, et intestines, et extérieures ; mais devenu, grâces au ciel, impropre à tout autre usage ; mais dangereux même, par le voisinage des marais immenses, dont il recevait les fétides miasmes, et faisait respirer le mauvais air ! .

Il n'en existe plus de vestiges, dès long-temps, le fils et successeur de TOURNY....

(Ce fils si peu connu d'un si glorieux père !..) l'ayant entièrement détruit, pour y faire construire des séminaires et des couvents !.. Et c'est, pourtant encore, le monument le plus recommandable de sa longue administration !....

Revenons à son illustre père, et demandons grâce pour une si pénible, une si affligeante digression !....

TOURNY fit bientôt abandonner ces antiques et tristes promenades des Fossés et de la Plate-forme, par les promenades charmantes dont il décora la ville et ses faubourgs!.. La plus agréable et la plus belle était, de son temps, et long-temps après encore, celle qui porte son nom !... Avoisinée par les prairies immenses, et toujours verdoyantes, du glacis du Château-Trompette, l'un des chefs-d'œuvres de Vauban (7), elle présentait, à la fois, et le magnifique point de vue d'un jardin anglais, tracé par la nature même, et le coup-d'œil ravissant du fleuve et des belles collines, opposées à la ville, formant, avec l'immense forêt des vaisseaux qui y flottaient alors, le plus bel ornement de son superbe port !....

Hélas! elle n'offre plus, dès long-temps, qu'un vrai chaos, un amas confus et dégoûtant d'échoppes, de baraques, de huttes sauvages, qui masquent absolument cet admirable point de vue, font périr tous les arbres de ces allées et de ces cours, en les privant d'air, et semblent avoir transporté, au centre d'une grande et belle ville d'Europe, une peuplade nombreuse de Hottentots ou de Hurons !....

O Tourny !.. Tourny !.. rends-nous enfin ton bienfaisant génie...., et nos yeux ne seront plus attristés, et nos cœurs ne seront plus flétris, à l'aspect révoltant d'un si horrible tableau !.... Livrons-nous, Bordelais, à ce doux espoir !..... César, jeune encore, pleura devant la statue d'Alexandre ;... et le héros de la Grèce eut bientôt, dans le héros de Rome, un heureux émule, un digne successeur !

Tourny fut contraint d'employer à la confection de cette promenade, alors délicieuse, des terrains vacans, incultes, isolés, uniquement fréquentés des vagabonds et des gens sans aveu, dangereux et même alarmans, sous les rapports de sûreté publique !... Il l'entoura de cours également agréables et spacieux, complantés d'arbres, et formant aussi le plus beau, le plus magnifique coup-d'œil !... A la suite de ces mêmes cours, il décora la ville encore d'un jardin public très-vaste, évidemment tracé sur le modèle du superbe jardin des Thuileries, et présentant même un point de vue infiniment plus varié, plus étendu, plus éblouissant, celui de la campagne, de la ville, du port, et des vaisseaux dont on y voyait flotter, alors, les divers, les innombrables pavillons !

Il embellit ce jardin de péristyles, d'un ordre d'architecture élégant et gracieux; mais d'un style plus moderne qu'antique, d'un style empreint encore de la décadence de l'art !... « *Italiam !... Italiam !...* »

Pour faire à la ville de Bordeaux un don si précieux, il fit l'acquisition de terrains couverts de vignes, de bois, de landes, ou bruyères, et de marais mêmes..... On peut aisément juger des énormes dépenses qu'une telle métamorphose dût nécessairement entraîner! Loin d'être effrayé de ces dépenses, Tourny, jaloux de régulariser ce beau jardin, d'en augmenter encore l'étendue et les agrémens, s'efforça d'acquérir un domaine assez considérable, enrichi et décoré d'une fontaine abondante et précieuse, et qui en bornait la partie occidentale (8). Il fit au propriétaire de ce domaine les offres pécuniaires les plus généreuses et les plus loyales!... Ses propositions et ses efforts furent également inutiles!.. Le propriétaire soutenu, instigué même, par de puissans protecteurs, que dis-je, hélas!.. par des corps puissans et redoutables alors...., et qui ne sont plus, tous ennemis déclarés de l'intendant, et jaloux de sa gloire, se refusa, pour contrarier ses grandes vues, à toute espèce d'arrangemens!... Hommes injustes, ingrats!... Qu'il est difficile de vous faire du bien!...

Toujours dirigé par les vues les plus bienfaisantes, comme les plus étendues et les plus élevées, et pénétré de douleur, de voir le faubourg des Chartrons, ce faubourg, dont la façade et les quais présentent un coup-d'œil si magnifique, empesté par les marais immenses qui l'avoisinaient, TOURNY conçut le louable projet d'en assainir l'air, en faisant combler ou dessécher la plus grande partie de ces marais...... Il y jeta, ensuite, les fondemens d'une église très-spacieuse, et consacrée à Saint-Louis. Il lui fut impossible de l'achever. Enlevé trop tôt, pour notre malheur, à son administration, il recommanda, de la manière la plus pressante, à son fils et successeur, la confection de cet utile et vaste monument!.. Il lui en représenta, en homme d'état, l'importance si sensible!.. Vaine recommandation!.. représentations inutiles!.. (Le génie et les talens sont, hélas! si rarement héréditaires!....) Le fils et successeur de TOURNY aima mieux s'occuper à faire construire des séminaires et des couvens!.. L'édifice le plus précieux, le plus nécessaire, négligé d'abord, puis entièrement abandonné, n'offre plus aux yeux des bons citoyens que des ruines affligeantes et des souvenirs douloureux!.... O profond, ô sublime Lucain! tu dis vrai!....

        Excat aulà,
Qui vult esse pius!....

Et cependant, (observons-le à sa gloire!) ce grand Tourny, son illustre père, avait aussi de la piété!.... mais une piété éclairée et sensible, inséparable des inspirations divines de la charité, de l'humanité, de la bienfaisance, caractères sacrés de la religion Chrétienne, de la plus auguste, de la meilleure religion!

Il ne fonda, à la vérité, ni couvents, ni séminaires!... Ils n'étaient alors, peut-être, que trop nombreux, aux yeux d'une sage et saine politique!... Mais il établit, à Bordeaux, pour l'instruction des enfans des deux sexes, appartenant aux classes obscures du peuple, des écoles chrétiennes, l'une sous la dénomination de Frères Yontins (*), du nom de Saint-Yon, leur modeste fondateur, l'autre sous la dénomination, plus religieuse encore, de Dames de la Foi!...

Tourny n'entendait nullement, par ces utiles institutions, introduire les sciences dans ces classes si précieuses et si respectables du peuple!... Hélas! Il n'y avait alors, il n'y aura jamais, sans doute, que trop de faux savans en ce monde!... Mais il pensait, avec autant

---

(*) Vulgairement et improprement appelés, à Bordeaux : les Frères Ignorantins.

de justesse et de raison, que d'humanité et de sagesse, que sous un gouvernement équitable et paternel, sous une administration bienfaisante et juste, un peu d'instruction était due aux artisans, aux paysans mêmes, aux cultivateurs ruraux, de tout genre ; qu'elle leur était nécessaire, indispensable même, pour l'intelligence et le soin de leurs propres intérêts, comme des intérêts dont la gestion leur était confiée ; et que cette instruction, sagement bornée aux premiers élémens de la lecture, de l'écriture manuelle, et de l'arithmétique, ne pouvait leur donner des lumières dangereuses, les dégoûter, ni les détâcher d'une vie obscure et laborieuse, d'une heureuse et paisible condition !...

O fortunatos nimium, sua si bona norint,
Agricolas !...

Ces principes, si respectables, de sensibilité, d'humanité, de charité, de bienfaisance, caractères éminens et distinctifs de la véritable piété, de la véritable religion, de la véritable sagesse, dirigèrent constamment les vues et les travaux de TOURNY, dans l'exercice de ses fonctions éminentes, et sur tous les objets de leur ressort !

C'est à ces mêmes principes, aussi, que la ville de Bordeaux et la province de Guyenne sont redevables d'un si grand nombre d'établissemens et de monumens utiles, ou déjà créés et formés, ou médités et projetés, par son bienfaisant génie, au moment même où il fut si injustement destitué de son administration !

Ce funeste et déplorable événement priva Bordeaux et la Guyenne entière, des monumens publics, dont Tourny voulait encore et les décorer, et les enrichir !.....

Il priva Bordeaux de places spacieuses, de marchés publics, dignes par leur étendue, leurs décorations, et de luxe et d'utilité, leurs convenances, de salubrité, de propreté, de circulation, d'abris, de distributions et de commodités, de tout genre, et pour les acheteurs, et les vendeurs, etc., de la splendeur d'une ville si vaste et si populeuse !... Il priva Bordeaux d'un hôpital aéré, spacieux, plus commode et moins dangereux, surtout, que son ancien hospice, si imprudemment placé, par l'ignorance et l'inconsidération de nos pères, dans l'enceinte même de la cité !., Il priva Bordeaux d'un Hôtel de Ville, dont le plan fut conçu par le génie, et tracé par le crayon du grand architecte Soufflot !.... Il priva Bordeaux d'un nouveau palais de justice, digne, par sa majesté, sa magnificence et sa grandeur, de nous consoler de la perte de l'ancien temple de Thémis, de l'antique, de l'imposant, du majestueux palais de l'Ombrière, palais des rois d'Aquitaine et des ducs de Guyenne, palais vénérable, et si malheureusement remplacé, et si impitoyablement abattu, en des jours de vandalisme et de destruction ! (9)

Ce même événement, si déplorable et si funeste, aux yeux des vrais citoyens, priva également les villes secondaires de la généralité de Bordeaux, Libourne, Périgueux, Agen, etc., déjà décorées et embellies par TOURNY de promenades charmantes !...... Il priva la province de Guyenne, qui ne lui était pas moins redevable de tant de belles chaussées, de ponts utiles et de beaux chemins ; il les priva, dis-je, de plusieurs autres monumens, de tout genre, non moins importans à la chose publique, et qu'elle ne réclama jamais, en vain, de la justice et du zèle, vraiment civique, de ce grand et bienfaisant administrateur !.. Il priva le district, ou canton, si considérable par son étendue, sa fertilité, et les richesses inappréciables de ses cultures, le canton du Médoc, d'un canal navigable et formé des diverses jalles ou rivières, des divers ruisseaux qui l'arrosent, et dont les débordemens périodiques y déposent des miasmes si épidémiques et si fétides, y creusent des marais si redoutables et si dangereux : canal absolument nécessaire, absolument indispensable même, à l'écoulement de ces eaux stagnantes, et au desséchement de ces marais !.. Il priva le district, ou canton, bien plus étendu, bien plus considérable encore, des Landes, d'un grand chemin pavé de Bordeaux à Bayonne (10), ainsi que d'un canal navigable, médité et projeté aussi par ce vaste et bienfaisant génie, par ce grand citoyen, avec la même sagesse et la même profondeur de vues, pour la jonction de l'Adour et de la Garonne (11) ; monumens également précieux, également indispensables à la fertilisation, ou du moins à la culture de cette immense étendue de terre, comme à l'industrie, à l'entretien, à la nourriture, à la civilisation même, de ses pauvres et malheureux habitans, de ses pasteurs errans et nomades, offrant, ainsi que leur indigente et stérile contrée, au sein même de la plus grande et de la plus belle province de la France, l'image affligeante et douloureuse, et des peuplades sauvages de l'Afrique, et de leurs sables arides, et de leurs immenses déserts !... (12)

Je ne me suis étendu, dans ce faible éloge

d'un grand homme, que sur ses vertus publiques, attestées et consacrées par de si nombreux, de si irrécusables monumens !... Je ne puis rien dire de ses vertus privées !.... J'en ai la plus haute idée, sans doute, ainsi que tous mes concitoyens; mais je ne puis en avoir aucune notion certaine, n'ayant pas eu le bonheur de vivre sous son administration; ayant eu même le malheur de perdre, dès mon enfance, l'homme qui pouvait le mieux m'en instruire, un père, honoré de l'estime et de l'amitié même de ce grand administrateur, fréquemment rapproché de sa personne par l'exercice de ses propres fonctions (13), et pénétré de l'admiration la plus sincère, de la vénération la plus profonde, pour son caractère et son génie, ses vertus et ses talens !

D'ailleurs, après avoir annoncé, dans ce faible éloge de Tourny, l'histoire fidèle et sincère, non le roman, non le panégyrique adulateur et mensonger, de sa bienfaisante administration, j'oserai observer encore que si les vertus privées, très-respectables, sans doute, rendent l'homme infiniment précieux à ses concitoyens, à ses amis, à sa famille, les vertus publiques peuvent, seules, le rendre digne de l'estime et de la considération de son siècle, comme de celles mêmes de l'équitable, de l'inexorable postérité ! (*)

C'est après en avoir si bien mérité les glorieux hommages...; c'est après de si grands travaux, des travaux si honorables, pour sa mémoire, que Tourny se vit rappelé, ou plutôt destitué de son administration, avec le titre de conseiller d'état : distinction éminente, sans doute, et souvent, alors, la juste récompense des plus importans services; mais souvent aussi, (faisons-en l'aveu, avec la même sincérité,) l'indice précurseur, le faible dédommagement, d'une injuste disgrâce !... C'en fut une véritable, et bien sensible à l'âme élevée de Tourny, victime d'une cabale, ourdie par les puissans ennemis de ce grand citoyen, de ce bienfaisant administrateur !

On dit aussi, (et que ne dit-on pas dans un siècle de philosophie et de lumières ?) » Que le fils et successeur de Tourny même, » ne fut pas étranger à cette odieuse cabale ; » qu'il en fut, au contraire, un des plus ar- » dens instigateurs !... » Quelle fable grossière !..... Quelle absurde calomnie !... J'en

---

(*) Je suis de cet advis, que la plus honorable vacation est de servir au Public, et estre utile à beaucoup.   Montaigne.

appelle à tous les honnêtes gens, à toutes les âmes sensibles !... Un fils, cabaler contre son père !... Un fils, décrier, calomnier, diffamer son père !..... Une telle infamie est-elle vraisemblable et possible ? Est-elle dans la nature ?... Est-elle dans le cœur humain ?...

On ose dire encore, (la postérité pourra-t-elle le croire ?) « Que Montesquieu, le grand » Montesquieu, lui-même, fut l'un de ces » puissans ennemis de Tourny, l'un des mo-» teurs de cette infernale machination !... » Quelle fable, quelle calomnie, et bien plus absurdes, et bien plus grossières encore !... Montesquieu, l'ennemi, le persécuteur de Tourny !... Et à quel titre ?... Et par quel motif ?... Serait-ce par jalousie ?... Montesquieu, jaloux ! Et de qui ? grands Dieux !... Montesquieu, jaloux de Tourny !... Le législateur sublime de l'univers, l'immortel bienfaiteur de tous les pays et de tous les siècles, jaloux du grand, de l'intègre administrateur, du bienfaiteur, à jamais révéré, de Bordeaux et de la Guyenne, de la patrie, de la ville natale du grand Montesquieu !.... (14) Ah ! rejetons, avec la plus vive indignation, avec horreur, des inculpations si outrageantes, si flétrissantes même, et pour l'humanité, et pour les sublimes génies qui l'ont à jamais illustrée !...

O mes concitoyens ! ayons le noble orgueil de faire à Montesquieu la juste application de ce vers sublime de Voltaire, le plus grand de ses rivaux de gloire :

De qui, dans l'univers, peut-il être jaloux ?

Gémissons, amèrement, sur les funestes et déplorables résultats de l'infâme cabale, dont Tourny fut l'innocente victime, et dont les exécrables trames nous furent bien plus fatales encore, qu'à ce grand, ce bienfaisant administrateur !... Mais en rappelant le douloureux souvenir de la plus grande calamité, dont furent jamais frappées, et Bordeaux et la Guyenne entière, ne nous bornons pas, envers la mémoire de ce grand homme, à des larmes stériles, à de vains, à d'inutiles gémissemens !... Hâtons-nous de lui ériger une statue, dans la plus belle des places publiques, dont il ait décoré notre ville natale !... Hâtons-nous d'élever cette statue, ou de marbre, ou de bronze, auprès de celles mêmes que nous devons encore, à la gloire des Ausone et des Paulin, des Montaigne et des Montesquieu, et que, depuis si long-temps, l'étranger surpris, indigné, cherche en vain dans nos murs !... Hâtons-nous d'expier, solennellement, envers ses mânes, les erreurs, les injustices, l'ingratitude même de nos pères, et par des tributs, si légitimes, de notre admiration et de notre reconnaissance, donnons enfin un grand, un salutaire exemple, et à nos contemporains, et à nos descendans !...

NOTES.

(1)

Fidèle à sa devise, aussi modeste qu'ingénieuse : « *Crescam et lucebo* », l'Académie des Arts et des Sciences de Bordeaux semble n'avoir jamais eu d'autre but, que de contribuer à leur encouragement et à leurs progrès. Elle s'est judicieusement et presque toujours bornée aussi à proposer, dans ses séances publiques, des sujets de prix, analogues à ce louable objet ; sans prétendre, comme d'autres académies de province, moins modestes, sans doute, disputer à l'Académie Française la carrière des belles-lettres, celle, surtout, de l'éloquence et de la poésie, si souvent confondues, et en province, et à Paris même, avec la rhétorique et la versification !

Il ne serait ni moins absurde ni moins injuste, à mon sens, de juger l'Académie de Bordeaux sur les plaisanteries ou les sarcasmes de Voltaire, que de juger l'Académie Française sur les sarcasmes ou les plaisanteries et de Piron et de Gilbert, et de Montesquieu et de Voltaire, lui-même, qui ne l'a guère plus épargnée, ce me semble, dans ces vers charmans de son immortel poëme de Jeanne d'Arc :

> O Chapelain ! toi dont le violon,
> De discordante et gothique mémoire,
> Sous un archet maudit par Apollon,
> D'un ton si dur, as raclé son histoire !.....
> Vieux Chapelain ! pour l'honneur de ton art,

Tu voudrais bien me prêter ton génie ?.....
Je n'en veux point ! c'est pour Lamothe-Houdart,
Quand l'Iliade est par lui travestie,
Ou pour quelqu'un de son Académie !

(2)

Voyez, dans ces vers si naturels et si faciles de Chapelle, la description si poétique et si fidèle de Bordeaux, ou de son port :

> Nous vîmes, au milieu des eaux,
> Devant nous paraître Bordeaux,
> Dont le port, en croissant, resserre
> Plus de barques et de vaisseaux
> Qu'aucun autre port de la terre !

Et ces vers, bien supérieurs encore de Voltaire, sont-ils assez glorieux pour un fleuve, rival de la Tamise et du Texel, pour un fleuve si célèbre, et auquel des novateurs, des antiquaires mêmes, n'en ont pas moins osé, de nos jours, disputer jusqu'à son nom :

> Voyez-vous pas ces agiles vaisseaux,
> Qui du Texel, de Londres, de Bordeaux,
> S'en vont chercher, par un heureux échange,
> De nouveaux biens, nés aux sources du Gange ;
> Tandis qu'au loin, vainqueurs des Musulmans,
> Nos vins de France enivrent les Sultans ?

(3)

Me sera-t-il permis de reproduire ici des observations dès long-temps publiées, et peut-être justes, malgré leur insuccès, au sujet de la Garonne et du nom de Gironde, que veulent improprement donner à ce superbe fleuve, et des antiquaires mêmes et des novateurs de nos jours ?

Lettre au rédacteur d'un journal de Bordeaux.

Du 28 Pluviôse an 8.

Monsieur, un journal estimé et digne de l'être (le Publiciste, du 22 de ce mois), vient de rendre compte d'un nouveau plan de division de la France, par départemens, d'après un rapport ordonné par le gouvernement, sur cet intéressant objet.

Dans la nomenclature qui en est présentée, on voit le nom de la Garonne substitué à celui de la Gironde, qu'énonçait la précédente division.

Bous et francs Bordelais, amis zélés de la vérité et de la patrie, applaudissons à la justice de ce changement!..... Rendons hommage aux sénateurs éclairés qui viennent d'offrir ce projet à la sanction et à la sagesse de nos consuls et de nos législateurs!.....

Le nom de la Garonne est consacré, de temps immémorial, par les autorités les plus respectables, par les écrits immortels de César, de Strabon, de Varron, d'Ausone, de tous les poètes, de tous les historiens, de tous les géographes, anciens et modernes, Français et étrangers..... Ces autorités, dont l'énumération pédantesque serait aussi fastidieuse qu'inutile, sont d'ailleurs infiniment moins respectables, à nos yeux, que celle de la raison.

L'avait-on consultée, en substituant au nom si célèbre de la Garonne, du plus beau fleuve de la France, le nom si impropre, si insignifiant de la Gironde ?..... Osons le dire avec courage, Monsieur, cette dénomination de Gironde est aussi fausse, dans la moins absurde même de ses étymologies, que les raisonnemens dont un préjugé gothique s'efforce en vain de l'étayer..... Des pédans obscurs, de pauvres antiquaires, ont prétendu que la jonction, ou le confluent de la Dordogne et de la Garonne, au Bec-d'Ambès, y rendait sensible un tournoiement d'eau purement chimérique, et qui n'a jamais existé que dans leur stérile imagination!..... De là, cette belle invention du mot Gironde, traduit et dérivé des mots latins *girus undæ*, tournoiement d'eau!.... De là, cette belle métamorphose du nom de la Garonne, qui reçoit aussi visiblement la Dordogne dans son sein, que le Lot, le Tarn, l'Aveyron, et tant d'autres rivières, dans un cours de près de cent lieues, des Pyrénées à l'Océan!

Le poète Chapelle l'a bien vengée dans ce charmant voyage, où, par la plus ingénieuse des allégories, il fait rivaliser la Garonne avec l'Océan même, et la représente comme le plus beau fleuve de l'Univers!.... Que d'imagination, de feu, de verve, de facilité, de grâce, dans l'épisode de la colère et de la vengeance de Neptune, contre les prétentions de ce fleuve superbe et l'insolence des complices de sa révolte!..... Ah! Monsieur, relisons, admirons nos poètes!..... Nous n'avons plus que des versificateurs!.....

« *Les oiseaux ne sont plus, et c'est nous qui régnons* ».

J'aurais pu, j'aurais dû peut-être ajouter à ces mêmes observations, que le cours de la Garonne, de sa source dans les Pyrénées, à son embouchure dans l'Océan, est beaucoup plus étendu que celui de la Dordogne, de sa source dans les montagnes d'Auvergne, à son embouchure présumée, ou supposée, dans la même mer.....; que la Dordogne n'a de largeur sensible qu'à son embouchure réelle, dans la Garonne, au Bec-d'Ambès ; tandis que la largeur de la Garonne est déjà très-considérable, non seulement à Bordeaux, distante de quatre lieues du Bec-d'Ambès, mais encore à Toulouse même, à 40 lieues de Bordeaux.....; que la Dordogne ne peut porter que de petits navires ou vaisseaux de commerce ; et que la Garonne porte des frégates, des vaisseaux de guerre même, de 60 pièces de canon, tels que le Bordelais, l'Utile, la Ferme, le Languedoc, construits, ainsi que les frégates: la Belle-Poule, la Railleuse, l'Amphitrite, l'Hirondelle, la Pénélope, etc., dans les chantiers du port de Bordeaux.

Pesez, lecteurs impartiaux, ces diverses considérations, d'une évidence si sensible, si incontestable....; et l'étrange procès, entre la Garonne et la Dordogne, entre la Garonne et la Gironde, sera sans doute bientôt jugé pour vous, comme il l'est pour moi, dès longtemps!

(4)

Bordeaux sera éternellement redevable à M. Thibaudeau, alors préfet de cette ville, actuellement préfet de Marseille, de la conservation des restes précieux de ce vaste amphithéâtre, vulgairement et improprement appelé Palais-Galien, et presque entièrement détruit par des Vandales !..... Eh! que nous importent l'existence et l'aspect de ces vieilles ruines, s'écriaient alors ces barbares !..... N'en avons-nous pas les plans et les dessins gravés et dans l'Encyclopédie, et dans l'histoire de Bordeaux?... Les insensés! que n'allaient-ils détruire à Rome, avec la même frénésie, et le Colisée, et le Panthéon!

(5)

C'est sur les ruines mêmes de ce superbe temple de justice, ou de Tutèle, que se trouve élevé le magnifique théâtre de Bordeaux!...... Me sera-t-il permis encore d'en produire ici une faible notice, déjà publiée?...

Le grand Théâtre de Bordeaux, ouvert en l'année 1780, construit sous le règne de Louis XVI, sur les dessins et sous la direction du grand architecte Louis, est universellement et justement regardé comme le plus beau théâtre de l'Europe. — Il présente des beautés, et d'ensemble et de détail, et extérieures et intérieures, également dignes d'admiration! — Son péristyle, en voûtes plates, et décoré d'une superbe colonnade, en ordre corynthien. — Ses quatre façades, ornées de pilastres, de la même dimension et du même ordre que les colonnes du péristyle. — Son vestibule, en voûtes plates, et soutenues par des colonnes cannelées, d'ordre dorique; — Son grand escalier, d'une forme si originale, si légère, si hardie, si pittoresque, si aérienne, et décoré de colonnes et de pilastres cannelés, d'ordre ionique; — Sa salle intérieure, ornée de colonnes cannelées, d'ordre composite, et assez vaste pour contenir commodément et à l'aise plus de deux mille spectateurs; — L'admirable coupole de cette salle, d'une forme si hardie, si neuve et si belle; — Son immense théâtre, et sa charpente presque miraculeuse, par sa hardiesse et son étendue; — la machine si belle, si simple et si ingénieuse, servant à élever le parterre de la salle au niveau du théâtre, pour les métamorphoser en salle de bal; — La salle de concert, soutenue par les colonnes et les voûtes plates du vestibule, ornée de colonnes cannelées, d'ordre ionique, et d'une forme aussi jolie, aussi élégante, aussi gracieuse, qu'est noble et belle, imposante et majestueuse, celle du grand Théâtre — La grande galerie d'été, ou des grands hommes, des grands maîtres de la scène française; — Le grand foyer d'hyver, malheureusement peu fréquenté du public, qui lui préfère, on ne sait par quelle raison ou quel caprice, le foyer particulier des actrices, des cantatrices et des danseuses; — Les deux cafés, et extérieur et intérieur; — Les salles de la direction; — Et jusques aux voûtes souterraines, enfin, de l'édifice; — Telles sont les principales beautés, tels sont les objets les plus remarquables de ce magnifique monument, le chef-d'œuvre de l'architecture théâtrale et de l'architecture française même !

On y représente dignement, et avec un égal succès, les plus beaux genres des spectacles de la nation : la tragédie, la comédie, et l'opéra même, avec tous ses accessoires, avec tous ses embellissemens de décorations et de machines, de musique et de danse. Quoiqu'en puisse dire un architecte célèbre (a), induit en erreur sans doute par de faux rapports, ou des bruits semés par l'envie, toutes les règles de l'optique et de l'acoustique y ont été habilement observées et scrupuleusement suivies par le génie éminent, le talent sublime de l'artiste qui l'a construit ! — Grâce à des précautions infinies, à des moyens aussi infaillibles qu'ingénieux, à d'énormes, mais indispensables dépenses de menuiserie, de charpenterie, d'architecture, etc., on voit, on entend parfaitement, de tous les points, de toutes les parties de cette salle immense ! — La musique, et vocale et instrumentale, y fait entendre des sons infi-

---

(a) M. Patte, auteur d'un traité de l'Architecture Théâtrale.

miment plus doux, plus purs, plus éclatans, plus mélodieux, plus enchanteurs, que sur des théâtres mêmes de bien moindre étendue ! — La tragédie et la comédie y sont entendues, avec le même avantage et le même charme, quand elles y sont écoutées ! — Les Préville, les Brizard, les Sainval, les Monvel, les Molé même ; — Des organes ingrats, affaiblis, presque éteints par l'âge, et si difficilement entendus, sur les théâtres mesquins, et de Paris et des provinces, l'étaient avantageusement et sans peine, sur le grand Théâtre de Bordeaux ! — Tous les acteurs, et tragiques et comiques, et de la capitale et des provinces, l'y seront de même, lorsqu'ils auront des talens assez éminens, ou du moins assez distingués, pour y captiver l'attention, le silence et le suffrage des spectateurs ! — Il est amèrement absurde et souverainement injuste d'accuser de la faiblesse, de la médiocrité trop réelles, trop déplorables des uns, et de l'indifférence ou de l'improbation trop sévères, trop bruyantes, aussi, des autres, la forme admirable de ce superbe théâtre, et le sublime génie de son immortel architecte, digne et seul rival, peut-être, des Palladio et des Bramante, des Michel-Ange et des Bernin.

Observons encore ici que les fondemens de ce magnifique théâtre ont été posés sur les ruines de ceux du superbe temple de Tutèle, ou de justice, élevé sous le règne d'Auguste, du second des Césars, et détruit sous le règne de Louis XIV, sur le rapport suspect, ou d'après les conseils intéressés, peut-être, du grand architecte Perrault. — Ne semble-t-il pas à tout observateur sensible, à tout être pensant même, que la munificence d'un bon roi, d'un généreux et puissant monarque, et le génie d'un grand architecte, aient été réunis, vers la fin du dix-huitième siècle, pour consoler la ville de Bordeaux, ou ses plus zélés citoyens, de la perte jusqu'alors irréparable et si douloureusement sentie, de l'un des plus beaux, des plus admirables monumens de l'architecture des Romains ?.....

(6)

Paris doit au génie et au ciseau de Claude Francin, entr'autres chefs-d'œuvres de ce grand artiste, les statues colossales des quatre évangélistes, qui décorent le portail, un peu français, de l'église St.-Roch, et y éclipsent les ouvrages, bien inférieurs, de Falconnet, comme de ses autres concurrens !... Bordeaux lui était également redevable des admirables bas-reliefs du piédestal de la statue de Louis XV, des beaux frontons, et intérieur, et extérieurs, de l'hôtel de la Bourse, de ceux des Portes-Dijeaux et d'Aquitaine, et surtout, des groupes bien plus beaux encore, des figures allégoriques et colossales, placées sur les piédestaux ou pilliers de la belle porte en fer, du Chapeau-Rouge, ou de Richelieu.

On en a laissé subsister un encore, et après avoir, on ne sait pourquoi, démoli l'autre, on en a transporté les figures dans le bois du Jardin-Public. Sans autre abri, sans autre défense, qu'une faible barrière, et contre la malveillance, et contre la malfaisance, ces belles figures sont déjà mutilées ; en attendant, sans doute, qu'on détermine la place la plus convenable à leur élévation !.....
O Tourny !... Tourny !...

Mais que dis-je !... n'a-t-on pas aussi naguères abattu les superbes bas-reliefs, sculptés par Michel-Ange, lui-même, sur la façade extérieure du jubé du chœur de l'église métropolitaine de Saint-André ?... N'y a-t-on pas porté, naguères, une main profane, impie ; pour nous éblouir, sans doute, de la vue d'un autel placé dans le chœur de cette église gothique : autel colossal, sans aucune proportion avec le peu de largeur de cette nef, et d'un très-mauvais goût ?..., Que ces colonnes, cette gloire, le surchargent et le dégradent !.. Qu'elles masquent et défigurent ces deux adorateurs !.. Qu'isolés d'elles, on les verrait bien mieux pyramider dans les airs !...

Si ces immortels chefs-d'œuvres du Phidias moderne n'ont pas été mutilés encore, comme ceux de Claude Francin, rendons-en grâces au zèle religieux et bien louable d'un habile artiste de cette ville, qui en a réclamé, avec la plus grande énergie, et très-heureusement obtenu la conservation !

Et ce buste, en marbre, du cardinal de Sourdis, ce chef-d'œuvre, non moins admirable, du cavalier Bernin, et de la sculpture moderne, ce chef-d'œuvre, qui décorait le beau cloître des Chartreux de cette ville !... Qu'est-il devenu ?... A-t-il été plus respecté, du moins, que ce beau cloître même, d'une architecture simple, mais hardie, mais d'un style, empreint même du grandiôse antique, et qui aurait dû fléchir nos impitoyables destructeurs !.. Hélas ! il n'est plus !..

Me pardonnera-t-on d'invoquer la surveillance éclairée de nos dignes administrateurs, comme celle des habiles artistes, qu'ils ont si justement investis de leur honorable confiance ; pour arrêter encore, s'il est possible, cet esprit, ou, plutôt, ce vertige de destruction, et sauver, du moins, les beaux monumens qui nous restent, après tant de ravages, plus ou moins récens !.. Puissent leur zèle et leurs efforts, réunis, nous conserver des richesses si précieuses, et leur donner de nouveaux droits à notre reconnaissance, comme à celle de tous les amis des arts !

(7)

Sur ce même glacis, et sur l'emplacement aussi du

Château-Trompette, dont la démolition était alors or-donnée par le gouvernement, lui-même, devait être construite une ville entière, et dans son centre, formant celui du port, devait aussi s'élever une place immense, d'après les plans et les dessins du grand architecte Louis !

Peut-être ne verra-t-on pas, sans intérêt, ou sans indulgence, une faible notice, déjà publiée, de cette magnifique place, qui eût été la plus vaste et la plus belle de l'univers, si de fatales et déplorables circonstances n'en eussent, à jamais, sans doute, empêché l'exécution !....

Les espérances et les vœux des bons citoyens ont été cruellement trompés. Cette grande, cette heureuse idée d'une place demi-circulaire, percée de treize rues, de la plus belle largeur, se terminant par de superbes arcs de triomphe, et formant autant de rayons d'un centre commun, décorée d'une colonne colossale, et des statues d'Ausone, de Montaigne et de Montesquieu, élevées en amphithéâtre sur la Garonne; au centre du plus beau port du monde : cette idée, originale et neuve, exécutée par le génie et le crayon de Louis, du style d'architecture le plus noble, et supérieur, malgré de légères taches, de hardies licences réprouvées par l'art et le goût, aux plus magnifiques conceptions de la Grèce et de l'Italie; cette idée sublime est malheureusement demeurée sans exécution. En vain prouva-t-on jusqu'à l'évidence, à l'arbitraire même de l'ancien gouvernement, l'inutilité, pour ne pas dire le danger de l'existence et de la conservation du Château-Trompette. En vain parvint-on à lui arracher des édits et des ordres, pour la destruction de cet odieux monument du despotisme ombrageux et tyrannique de Louis XIV., pour son remplacement et sa métamorphose en une cité nouvelle, qui faisant des Chartrons et de Bordeaux réunis une ville immense, et conciliant, par cette union même, les sentimens et les caractères des habitans, eût offert un rapprochement aussi précieux, aussi nécessaire à l'extension de leurs jouissances et de leur bonheur, qu'à celle de leur industrie et de leur commerce. L'intrigue s'agita; l'égoïsme étouffa le cri de la patrie; l'intérêt particulier prévalut enfin sur l'intérêt général, dans lequel il ne veut jamais se confondre. On osa bientôt arrêter la démolition déjà avancée des bastions, en persuadant, avec impudeur au peuple, que cette citadelle, dont les forces et les bouches à feu, dirigées uniquement contre le port, la ville et les faubourgs, incendieraient, abîmeraient en un instant les habitations et les propriétés, et maritimes et terriennes; que cette forteresse, dis-je, évidemment élevée pour l'humiliation et l'épouvante perpétuelles des Bordelais, ne l'était au contraire que pour leur sûreté, leur défense, et l'effroi des ennemis de l'état.

(8)

Ce domaine appartenait à un descendant de Duplessis, ingénieur en chef et conducteur principal des travaux relatifs à l'édification du Château-Trompette, sous Vauban. A la mort de ce propriétaire, dont TOURNY ne pût jamais vaincre l'opiniâtre et funeste résistance à ses grandes et bienfaisantes vues, ce domaine fut mis en vente..... La ville devait en avoir la préférence, et l'aurait obtenue sans difficulté, comme sans concurrence; mais les successeurs de TOURNY, peu jaloux, sans doute, de mériter la même gloire, en marchant sur ses traces, ne demandèrent pas seulement cette juste préférence, et laissèrent passer le domaine en d'autres mains.... Le nouveau propriétaire en vendit les terrains, le prix double ou triple de celui de leur acquisition. On y voit aujourd'hui des rues entières, des maisons ayant jour et sortie même sur le Jardin-Public, qu'elles masquent et défigurent !...... Tout espoir de le régulariser, de l'agrandir, de le décorer même, et d'une augmentation de parc ou d'ombrage, et d'une fontaine abondante et précieuse, et de bassins, et de jets d'eau, non moins agréables, non moins nécessaires même à l'assainissement et à la fraîcheur de l'air qu'on y respire, s'est à jamais évanoui, au grand, mais inutile regret de tous les bons citoyens !...... O Tourny !...... Tourny !......

(9)

On y voyait naguères, très-distinctement, et même passablement sculptées, sur une de ses colonnes intérieures, les armoiries blasonnées des rois de France, de la seconde dynastie : elles portaient un champ d'azur, semé, non de fleurs de lis d'or, comme sous les premiers rois de la troisième dynastie, mais d'abeilles d'or : emblême plus ingénieux et plus juste de l'unité, de l'activité de pouvoir du gouvernement monarchique, ou paternel, le plus doux, le plus sage, le meilleur, sans doute, de tous les gouvernemens.

(10)

Soyons aussi justes, envers les successeurs de Tourny, qu'envers Tourny même !... L'exécution de ce projet, si utile et si beau, d'un grand chemin pavé, dans les Landes, de Bordeaux à Bayonne, fut entreprise par M. Esmangart. Ce digne administrateur, enlevé trop tôt, aussi, à la ville de Bordeaux et à la province de Guyenne, eut le bon esprit d'employer à la confection de cette grande route, (à défaut de corvées, ou de tous autres moyens, impossibles dans une contrée si dépeuplée et si stérile !) un régiment d'infanterie, alors en garnison à Bordeaux. Après avoir élevé des tentes, et pris toutes les précautions, nécessaires à la santé, aux besoins, et aux commodités mêmes de ces braves soldats, il leur fit accorder par le gouvernement, une augmentation considérable de paye journalière, en considération de travaux si utiles et si importans !..... Mais on leur persuada, malheureusement, avec trop de facilité, que de semblables travaux, dont s'honoraient, avec raison, les soldats Romains, les soldats commandés par les Marius et les Scipion, les César et les Pompée, par les vainqueurs du Monde ; que ces travaux, dis-je, étaient déshonorans pour des militaires français ! Ce préjugé, si injuste, en fit déserter un grand nombre, et l'ouvrage fut bientôt abandonné, au grand regret de l'administrateur, comme à celui de ses administrés !... On en trouve encore de faibles vestiges, à l'entrée des landes, et à quelques lieues de Bordeaux.

(11)

Sur une île de rochers, que la nature semble avoir placée exprès, à l'embouchure de la Garonne, est bâti l'un des plus beaux monumens de l'architecture moderne, le superbe phare de Cordouan. On le doit à la munificence de Henri IV, et au génie de Louis de Foix. Colbert fit couronner cet admirable édifice d'un vaste fanal, destiné à éclairer de loin les vaisseaux, et à les garantir des écueils, au moyen des feux éclatans qu'on y allumait, pendant la nuit. On y a substitué, depuis quelques années, la lumière d'un reverbère mobile, moyen plus économique, et dont on assure que la marine et le commerce retirent infiniment plus de secours.

(12)

Si la France avait employé la millième partie des

trésors qu'elle a sacrifiés, dans tous les temps, à la conquête de quelques possessions inutiles, en Asie, ou en Amérique; si elle l'eût employée au défrichement des landes de Bordeaux et de Bayonne, de cet immense désert, voisin de l'Océan et de plusieurs rivières, d'autant plus susceptible de fertilisation et de moyens de circulation, que la confection des canaux et des chemins n'y rencontrerait aucun obstacle ; que les terres, dans leur état même d'abandon absolu, y ont été jugées très-propres à la culture du tabac, des pommes de terre, etc.; que défrichées ou mises en valeur, par des cultivateurs isolés et privés de grandes ressources, elles leur rendent au-delà de leurs avances ; alors, dis-je, la France serait aisément parvenue à vivifier une de ses provinces, à fertiliser des sables arides, à étendre considérablement ses richesses foncières et, la première de toutes, sa population. Mais de si vastes entreprises n'appartiennent qu'à des souverains : elles ne sont pas du ressort de leurs sujets. Jamais la Hollande n'eût élevé ses fameuses digues, si l'or de la république entière n'eût fait les frais de ces grands ouvrages, d'une conception si belle, d'une si glorieuse exécution !

(13)

Les fonctions de Conseiller du Roi, en l'élection de Guyenne.... Les attributions de ces tribunaux administratifs, et créés par François I.er, offraient, ce me semble, deux grands objets d'utilité publique, titre moins assuré que réel, peut-être, à l'estime et à la considération populaires !... Le premier de ces objets était celui de la vérification des titres de noblesse ; objet d'autant plus important, qu'à la faveur de titres, ou supposés, ou douteux même, de prétendus nobles parvenaient, aisément, à se soustraire au payement des impositions publiques, et les fesaient retomber, dès-lors, à la charge entière du tiers-état, ou troisième ordre de la nation !..... La seconde attribution, plus importante encore, des membres de ces tribunaux, était celle de se transporter, sur les ordres et d'après le choix de l'intendant, dans les campagnes frappées de fléaux accidentels ; d'en reconnaître et vérifier l'étendue et les dommages, pour les agriculteurs et cultivateurs ruraux, de tout genre ; de statuer, eux-mêmes, sur la justice de leurs plaintes, ou des indemnités qu'ils pouvaient en réclamer, de la protection, de l'équité et de la bienveillance du gouvernement ; afin que leur rapport et leur avis motivés, éclairant la justice et la religion de l'intendant, sur des objets si importans aux contribuables, ceux-ci pussent en obtenir le relâchement, ou d'une partie, ou de la totalité même de leurs impositions !

(14)

On peut voir, dans les lettres familières de Montesquieu, l'étrange et misérable cause du refroidissement survenu entre ces deux grands hommes, long-temps amis, et si dignes de l'être !..... Montesquieu s'y plaint de Tourny, en termes peu ménagés, et avec un peu d'aigreur même, au sujet de quelques emplacemens, dépendant ou voisins de l'hôtel de l'Académie, et dont Tourny voulait disposer, dans l'intérêt public, pour les alignemens et décorations de la belle promenade, de ce nom.

Le temps, juge souverain, et de Tourny et de Montesquieu, a dès long-temps prononcé entre ces deux grands hommes, et sur cette grave discussion, à laquelle, du moins, Montesquieu donnait alors tant d'importance... ; puisque l'Académie, elle-même, mieux éclairée enfin, et sur l'intérêt public, et sur le sien propre, a précisément fait, vingt ou trente ans après, la même disposition de ces terrains !....

Était-ce donc la peine, avouons-le avec franchise, « de soutenir un procès contre un intendant, chose » si désagréable, pour avoir même le plaisir de le lui » gagner, chose si douce....., » suivant les expressions de Montesquieu, expressions assez énergiques, peut-être, pour n'avoir pas besoin d'être étayées des ridicules notes de son modeste éditeur.

Au reste, il faut enfin le dire, ce même éditeur des lettres familières de Montesquieu a commis une très-grande indiscrétion, pour ne pas dire une irrévérence impardonnable, envers la mémoire de ce grand homme ; en donnant à ces lettres plus nuisibles qu'utiles à sa gloire, une publicité à laquelle il ne les destinait pas ; en trahissant ainsi, par un excès de jactance et de vaine gloire, et les droits de l'amitié, et les secrets de la correspondance, dont il daignait également l'honorer !

www.ingramcontent.com/pod-product-compliance
Lightning Source LLC
Chambersburg PA
CBHW070709050426
42451CB00008B/566